Histoire d'un Art

L'architecture

Karine Delobbe

pemf

Légende de la couverture : *La Pyramide du Louvre,* à Paris, © François Goalec.
En médaillon : *La Pyramide de Giseh,* en Égypte, © AKG Paris/Henning Bock.

Dépôt légal : mai 2002 - N° Éditeur 2002/9976
ISBN : 2-84526 395-3
Imprimé par Horizon (13-Gémenos)

Sommaire

Des mégalithes aux pyramides

L'architecture, art de construire des édifices, est un moyen pour l'homme d'inscrire durablement sa marque dans l'espace. Elle naît au sein de sociétés complexes où domine un pouvoir essentiellement religieux.

Monument mégalithique de l'île de Gavrinis, Larmor-Baden, Morbihan. Dalles verticales gravées à l'intérieur du monument. IVᵉ millénaire av. J.-C.

Monuments de « grosses pierres »

L'emploi d'énormes blocs de pierre (des mégalithes) a donné leur nom aux monuments érigés à partir de la seconde moitié du Vᵉ millénaire av. J.-C. sur la bordure atlantique de l'Europe, entre le Portugal et la Bretagne. Ces constructions mégalithiques, qui se sont ensuite répandues dans d'autres régions du Sud-Ouest européen, expriment la puissance et le prestige de ceux qui les ont fait ériger. Elles ont été pour eux le moyen de signifier la place qu'ils prétendaient occuper dans l'ordre de l'univers, aussi bien de leur vivant qu'après leur mort.

Au centre de leurs tombeaux, un *dolmen* constitué de grandes dalles accueillait la dépouille ou les cendres du défunt. Précédé en général d'un couloir, il était recouvert soit d'une masse de pierres (un *cairn*) de plan quadrangulaire ou circulaire, soit d'un tertre de terre (un *tumulus*).

Premières cités

En Mésopotamie, entre les fleuves Tigre et Euphrate, l'architecture accompagne la constitution des premières cités. À Uruk, les Sumériens du IVᵉ millénaire av. J.-C. construisent de magnifiques temples érigés sur une plate-forme. Une pièce centrale allongée (*cella*), bordée de deux rangées de pièces se faisant face, est la demeure de la divinité.

Construits entre le IIIᵉ et le Iᵉʳ millénaire av. J.-C., les *ziggourats* sont de hauts temples à degrés, édifiés sur un plan carré. Les cortèges y accèdent par des escaliers rectilignes. Dans la cité de Mari, a été mis au jour un vaste palais abritant la résidence du roi. Les salles, sans doute voûtées et couvertes de terrasses, ouvrent sur des cours dallées.

Après l'effondrement du royaume assyrien (fin du VIIᵉ siècle av. J.-C.), le roi

Nabuchodonosor fait reconstruire la ville de Babylone. À l'intérieur des fortifications, il multiplie palais et temples. Les jardins suspendus, sur des terrasses superposées, émerveillent les voyageurs.

Restitution sous forme de maquette de la ziggourat Etemenanki, Babylone. VII-VIe siècle av. J.-C.

Ziggourat de Tchoga Zanbil dédiée au dieu Inshoushinak (« Maître de Suse »). Architecture iranienne, vers 1230 av. J.-C. Ces vestiges ne donnent qu'une faible idée de la hauteur initiale du monument.

Temples et pyramides des pharaons

Dans l'Égypte antique, le pharaon, considéré comme un dieu, est à l'origine de toute création architecturale au service des dieux et des morts. Une longue chaîne de temples et de tombeaux borde la vallée du Nil.

Le temple est la demeure des dieux. Son orientation est déterminée de façon précise par des visées d'étoiles ; à l'entrée, un **obélisque** rappelle la création de l'univers. Les diverses parties permettent un rapprochement par étapes de la divinité : après la lumière des cours et la pénombre des salles, l'obscurité du sanctuaire.

La pyramide est le type le plus original de cette « demeure d'éternité » qu'est le tombeau d'un pharaon. Sa construction exige la mise au point d'une technique entièrement nouvelle. Le blocage de pierres calcaires grossières, liées par un mortier de terre, est habillé d'un parement de calcaire taillé et appareillé. De la pyramide à degrés on passe à la pyramide continue.

L'intérieur de la pyramide est divisé en une partie accessible (salles d'offrandes, chapelles de culte, statues du mort) et une partie souterraine scellée (chambres mortuaires, trésors, caveau).

Parmi les premiers architectes égyptiens connus, Imhotep, qui, vers – 2650, a construit la pyramide à sept degrés du roi Djoser.

Pyramides de Gizeh, Égypte. Quatrième dynastie, vers 2613-2563 av. J.-C. La Grande Pyramide, ou pyramide de Chéops, haute de 137 m, est le plus grand monument de l'Antiquité égyptienne. De part et d'autre, celles de Chéphren et Mikérinos. Au premier plan, deux « petites » pyramides à degrés.

Cité et temple grecs

Les architectes de l'Antiquité gréco-romaine sont de véritables géomètres dont les constructions étonnent par l'harmonie de leur ensemble. Elles ont été, aux siècles suivants, une référence durable.

Fixation des formes du temple

Le temple grec ancien s'inspire de la maison d'habitation avec son plan rectangulaire, ses colonnes et **frontons.** Au IXe siècle av. J.-C., c'est une simple *cella* rectangulaire qu'une rangée de piliers divise quelquefois en deux **nefs.** Sans doute, les plus anciens de ces temples sont-ils construits en bois. Vers 600 av. J.-C., les Grecs commencent la maçonnerie de pierre. Les blocs sont joints par des scellements au plomb fondu. Les colonnes de pierre supportent un bandeau continu, l'***entablement.***

La structure du temple est dès lors fixée : la *cella* et sa colonnade intérieure sont précédées d'un **portique** et entourées d'une colonnade, le **péristyle** (*péri-*, « autour » et *-style,* « colonne »). À partir de là, différents styles d'architecture se développent, que l'architecte romain Vitruve (Ier s. av. J.-C.), dans son traité *De Architectura,* classera en ordres. Le temple *dorique* (Parthénon sur l'Acropole, Ve s. av. J.-C.) se caractérise par un **portique** de colonnes robustes à **fût** cannelé. Le **chapiteau,** partie élargie qui couronne le **fût,** est sans ornement. Dans les temples de style *ionique* (l'Érechthéion sur l'Acropole), les colonnes sont plus élancées et le **chapiteau,** richement décoré de volutes. Le **chapiteau** de style *corinthien* unit un décor de feuillage à la volute ionique.

La disposition des éléments du temple fait une large place à la sculpture, sans doute peinte. Répartie dans la frise qui orne l'**entablement** et les **frontons,** elle est soumise aux contraintes du cadre architectural.

Temple circulaire appelé* tholos, *site de Marmara, Delphes, Grèce. Fin du IVe siècle av. J.-C. Les trois colonnes entières permettent d'identifier l'ordre dorique.

Le Grand Athènes

Vers 450 av. J.-C., après avoir chassé l'envahisseur perse et institué une démocratie, les Athéniens reconstruisent, en marbre, avec une splendeur encore jamais égalée, les temples de la colline sacrée d'Athènes, l'Acropole. À ses pieds, s'édifie une architecture civile qui répond aux besoins de la vie publique des citoyens. Des concours d'architecture sont attestés.

L'*agora,* place centrale, est entourée d'un **portique,** galerie sur laquelle s'ouvrent boutiques, tribunaux... La salle d'assemblée présente un plan carré, avec des gradins tenant lieu de sièges disposés en demi-cercle. Au IVe siècle av. J.-C., le théâtre de Dionysos, en hémicycle également, s'adosse au versant sud de l'Acropole.

Vers davantage de splendeur

À partir du IVe siècle av. J.-C., avec la fondation d'un empire par Alexandre de Macédoine, l'art grec se répand dans une grande partie du monde et s'enrichit d'apports orientaux. L'art de cette période nouvelle est dit *hellénistique.* Le style corinthien s'épanouit pleinement dans des édifices à l'ornementation riche et somptueuse. Une des constructions les mieux conservées de ce style est l'autel de Pergame dédié à Zeus (160 av. J.-C.). Avec sa frise célèbre figurant le combat des dieux et des géants, il marie habilement architecture majestueuse et sculpture à effets dramatiques.

C'est à ce moment que se précise le traitement monumental de l'espace public, à Milet, à Pergame, avec la multiplication des colonnades. La richesse d'une maison est annoncée dès la rue par un **portique** à colonnes à la mesure du prestige de son propriétaire. Les pièces s'ouvrent sur un **péristyle** intérieur, galerie ouverte soutenue par une rangée de colonnes qui borde une cour. Sols et murs sont décorés de mosaïques et de peintures.

Chapiteau dorique à partir de 1100 avant J.-C.

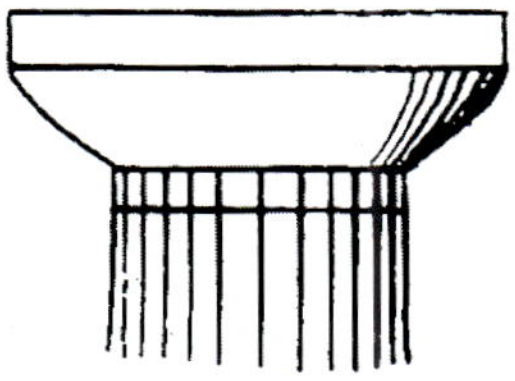

Chapiteau ionique à partir du VIe siècle avant J.-C.

Chapiteau corinthien depuis le Ve siècle avant J.-C.

Érechthéion, temple dédié à plusieurs dieux (Athéna, Poséidon...) sur l'Acropole d'Athènes, Grèce. 420-405 av. J.-C. Les colonnes sont d'ordre ionique.

Oppidum gaulois et *urbs* romaine

Des fouilles archéologiques ont permis de reconstituer l'habitat gaulois des deux derniers siècles avant J.-C. Après la conquête, le modèle urbain romain s'impose.

À l'abri du « mur gaulois »

À partir du IIe siècle av. J.-C., se développe dans toute l'Europe celtique une civilisation fondée en grande partie sur la puissance commerciale. Chaque peuple organise son territoire en créant un réseau de villes fortifiées (*oppida,* pluriel d'*oppidum*) situées sur les grands axes naturels. Centre vital de l'*oppidum,* l'esplanade où se tiennent foires et marchés. Sur la partie la plus élevée se trouve le lieu sacré où a été érigé un temple. À proximité, les habitations des « nobles » ; plus bas, le quartier des artisans.

L'*oppidum* de Bibracte, situé sur le mont Beuvray dans le Morvan, était entouré d'une muraille ininterrompue de 5 km construite au cours du Ier siècle av. J.-C. Ce *murus gallicus* (mur gaulois) était constitué d'un réseau de poutres perpendiculaires les unes aux autres, clouées entre elles, formant l'armature d'une masse de grosses pierres et de terre.

À l'intérieur du rempart, les archéologues ont dégagé les fondations de vastes maisons, maçonnées en pierres liées d'argile et couvertes de tuiles. Elles ont sans doute appartenu à des nobles gaulois. Les plus pauvres habitaient des bâtisses en torchis (mélange d'argile et de paille).

La ville romaine

À partir du IIe siècle av. J.-C., les Romains commencent l'aménagement de Rome. Toutes les villes de l'Empire sont ensuite bâties sur le même modèle. La ville romaine (*urbs*) est entourée de remparts flanqués de tours et percés de portes. Elle se présente comme un damier. Le sol des rues, pourvu d'un réseau d'égouts, est recouvert de dalles de pierre. Les bâtiments qui bordent la rue comportent souvent des **portiques** dont l'alignement abrite les allées et venues des passants.

Au cœur de la ville, le forum rappelle l'*agora* grecque. C'est une vaste esplanade encadrée de **portiques** donnant accès à des boutiques ou à des salles de réunion. La basilique, halle servant de tribunal ou de marché, occupe une extrémité de l'esplanade. Elle est généralement séparée en trois **nefs** et par-

Oppidum gaulois de Nages et Solorgues (Gard). Vestiges de tours et de murailles en pierre sèche.

Péristyle de la Maison des jeux d'eau. Conimbriga, Portugal. Ier au IIIe siècle ap. J.-C. Colonnes maçonnées de briques pleines. Le sol de la galerie est entièrement couvert de mosaïques.

fois terminée en hémicycle (**abside**). À proximité du forum se trouve le temple. Inspiré du temple grec, il s'élève sur une plate-forme à laquelle on accède par un perron flanqué de murets. Sa façade s'orne d'un **portique** mais, latéralement, le long de la *cella,* les colonnes sont engagées dans le mur (Maison carrée à Nîmes, voir p. 9).

La domus

Par rapport à la maison gauloise, la maison romaine nous apparaît comme plus « moderne ». Les matériaux utilisés sont la pierre de taille, extraite de la région, mais aussi le marbre, amené parfois de très loin ; tuiles et briques sont de terre cuite. Le mortier est un mélange de sable et de chaux qui constitue un ciment résistant. Les techniques aussi sont nouvelles : on coule pierres et mortier dans des coffrages de pierres appareillées. La *domus,* maison de riche, est construite à la mode grecque : les pièces sont disposées autour d'une cour carrée, l'*atrium,* entourée d'une galerie soutenue par des colonnes. Le centre est occupé par un jardin et un bassin. À l'inconfort et à l'exiguïté des logements de la plupart des habitations populaires, la *domus* oppose un confort perfectionné (adduction d'eau ; chauffage par *hypocauste,* fourneau souterrain), le luxe du décor des sols et des parois, l'agrément des **portiques** et des jardins.

Plan de la maison romaine à péristyle

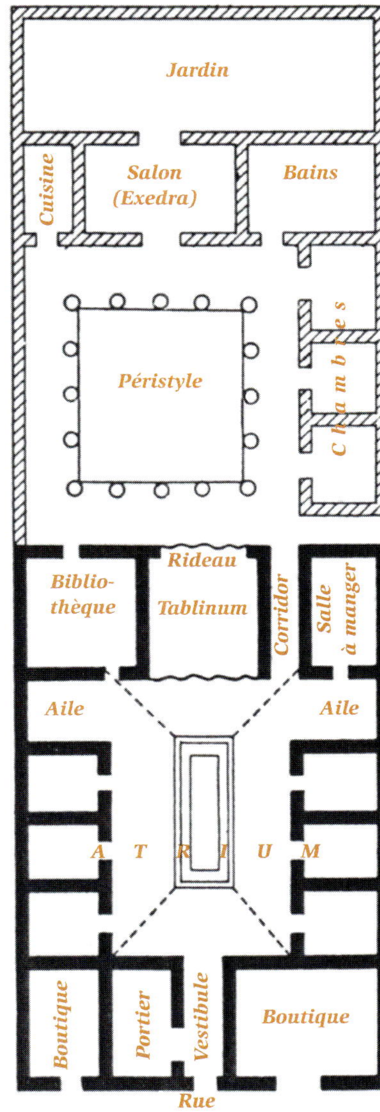

Le pont du Gard (longueur 273 m, hauteur 48,30 m), le plus haut pont romain, est constitué de trois étages d'arcades superposées. Il n'est qu'un maillon d'un aqueduc, qui conduit, par le dernier étage du pont, l'eau d'Uzès à Nîmes (distance : 50 km).

Des monuments à la gloire de Rome

Les réalisations architecturales romaines associent utilité et pres[...] Les bâtisseurs combinent les formes grecques avec des créations originales. Les ruines de ces monuments n'ont cessé de témoigne[r] de la grandeur de Rome à l'époque impériale.

Monuments d'eau

Les thermes sont des établissements de bains et des lieux de rencontre, très en vogue sous l'Empire. Enfermés dans d'immenses enceintes rectangulaires, certains sont de véritables agglomérations ; outre les salles spécifiques aux bains (froids, tièdes, chauds : *frigidarium, tepidarium, caldarium...*), on y trouve des jardins, des gymnases, des bibliothèques, des boutiques...

Les salles les plus vastes sont couvertes d'une immense « **voûte** » d'arêtes. Murs et sols sont parcourus d'un décor de mosaïques exubérant.

Pour approvisionner les villes en eau potable, les Romains construisent des aqueducs. Ce sont des canaux, souvent longs de plusieurs kilomètres, destinés à amener l'eau d'un lieu à un autre. Ils enjambent les vallées sur des ponts à arcades. L'aqueduc de Nîmes est long de 50 km ; il franchit le Gard (voir p. 7) par un pont fait d'arcades superposées, aujourd'hui encore en bon état.

Monuments de spectacle

Théâtres et amphithéâtres, très nombreux à Rome et dans l'Empire, proposent des spectacles de cirque, des combats sanglants, des courses de chars...

Les théâtres, adaptés des théâtres grecs, sont en hémicycle, avec des gradins adossés au flanc d'une colline. Mais l'architecture à étages du mur de scène imitant la façade d'un palais, avec l'effigie sculptée de l'empereur dans une niche, leur donne un caractère luxueux.

Les amphithéâtres sont d'imposantes constructions de pierre entourant une arène ovale. À Rome, le Colisée, inauguré en 80 ap. J.-C., comporte 76 entrées pour 50 000 spectateurs. Trois rangées d'arcades superposées soutiennent les gradins. L'architecte a appliqué à l'élé-

Un amphithéâtre romain : le Colisée à Rome, vers 80 ap. J.-C. Les 76 entrées étaient réparties sur toute la circonférence.

vation de ces arcades les trois ordres de colonnes des temples grecs : le rez-de-chaussée est une variante du style dorique, le premier étage est de l'ordre ionique et le suivant de l'ordre corinthien. L'arc de triomphe est un monument à une ou trois arcades. Il célèbre le triomphe d'un homme d'État ou d'un général. Décoré de tous les éléments hellénistiques, colonnes sur piédestal, **entablement,** niches et **frontons,** il est complété par des représentations sculptées et des inscriptions. Il est présent à Rome (arc de Titus en 70) et instrument de propagande dans tout l'Empire (Glanum en Italie, Orange en France, Timgad en Afrique du Nord...).

La Maison carrée à Nîmes (Gard), 20 ap. J.-C. Le temple le mieux conservé du monde gallo-romain.

Des innovations

La grande nouveauté, c'est l'emploi de l'arcade. Son édification par l'assemblage de pierres taillées n'est pas tâche aisée. Dès l'instant où cette technique est maîtrisée, l'architecte peut entreprendre des constructions de plus en plus audacieuses. Il peut bâtir les arches d'un pont ou d'un aqueduc et employer ce même procédé pour voûter un édifice. Parmi les constructions voûtées romaines, le Panthéon, à Rome, est le plus extraordinaire. Érigé en 130, c'est le seul temple de l'Antiquité qui ait été ensuite transformé en église. Son intérieur est une immense salle ronde. Elle est voûtée d'une coupole percée d'une ouverture qui donne en plein ciel et dispense un éclairage central. Peu d'édifices produisent une telle impression d'harmonie et de sérénité.

Intérieur du Panthéon à Rome, érigé en 130 ap. J.-C. Sa transformation en église lui a permis de parvenir jusqu'à nos jours.

Premières églises chrétiennes

En 313, l'empereur Constantin reconnaît le christianisme comme religion d'État. Les premières églises prennent pour modèle la basilique antique dont l'espace permet d'accueillir l'ensemble des fidèles réunis pour l'office religieux.

L'architecture paléochrétienne

La basilique antique consiste en une grande salle rectangulaire, flanquée de deux espaces plus étroits et plus bas que délimitent deux rangées de colonnes. Au fond, l'édifice comporte souvent une **abside** voûtée semi-circulaire. Depuis lors, on a continué à nommer *basiliques* toutes les églises construites sur ce modèle.

L'autel est placé dans le *chœur,* grande niche formée par l'**abside.** La grande salle centrale où se tiennent les fidèles est la **nef,** complétée par les salles latérales ou **bas-côtés.**

À côté de la basilique, on trouve les mausolées destinés aux rites funéraires. Ce sont des édifices à plan circulaire ou octogonal, au milieu desquels se dresse un autel ou une tombe. Le mur, percé de fenêtres hautes, est porté par des arcades de briques reposant sur des colonnes. Le plan circulaire est d'origine orientale. À Ravenne (Italie), le mausolée de Galla Placidia (425-433) et l'église San Vitale (521-534) sont connus surtout pour leur décor de mosaïques.

Basilique chrétienne San-Apollinare-in-Classe à Ravenne, Italie. Vers 520 ap. J.-C. Au fond de la nef centrale, l'abside couverte de mosaïques.

L'architecture byzantine

En 330, Constantin fait de Byzance la capitale de l'Empire et la rebaptise *Constantinople.* L'église Sainte-Sophie (532-562) est l'œuvre la plus audacieuse de l'architecture antique. Le plan conserve la **nef** centrale et les deux **bas-côtés** au-dessus desquels est ajouté un étage de tribunes. La façade occidentale est précédée d'une cour à **portique.** Une grande coupole centrale,

A : nef
B : bas-côtés
C : chœur

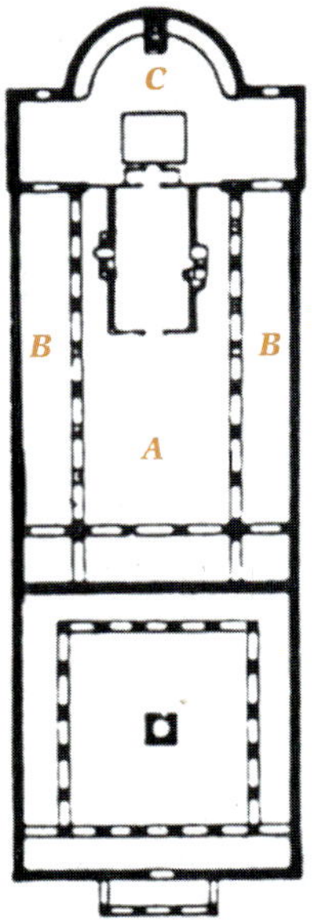

Plan d'une basilique des premiers siècles chrétiens.

Église Sainte-Sophie de Constantinople (aujourd'hui Istanbul, Turquie), inaugurée le 27 décembre 537 par l'empereur Justinien.
La coupole domine l'ensemble au centre même de l'édifice.
Aujourd'hui musée, elle a été transformée en mosquée par les Turcs en 1453 et flanquée de quatre minarets.

portée par quatre piliers, est épaulée à l'est et à l'ouest par deux demi-coupoles. Construite en maçonnerie de pierre avec un parement de marbre aujourd'hui disparu, le bâtiment et son décor font une grande place à la polychromie, à la sculpture et aux mosaïques.

Après la prise de Constantinople par les Turcs, en 1453, c'est dans l'architecture religieuse de la Russie que survivent les traditions architecturales byzantines.

L'architecture carolingienne

Réalisé à partir de 794, le palais de Charlemagne à Aix-la-Chapelle comprend, sur un plan orthogonal (selon deux directions), plusieurs constructions monumentales reliées à un porche central. Au sud, un ensemble religieux est dominé par la splendide *chapelle Palatine* dont l'organisation et la décoration s'inspirent de Ravenne. Recouverte d'une coupole, la chapelle compte deux niveaux de galeries surmontés d'une tour-lanterne octogonale.

Dans le même temps, l'architecture des églises continue d'évoluer. À Fulda (Allemagne), l'église abbatiale (791-819) a un plan à trois **nefs** et deux **absides.** À Steinbach en Rhénanie, à Saint-Riquier (près d'Abbeville), l'église s'agrandit d'un ***narthex*** (vestibule).

L'église s'organise désormais autour d'une tombe symbolique qui accueille les reliques (restes funéraires) d'un saint auquel elle est dédiée. En un premier temps, celles-ci sont placées dans un second sanctuaire, une église-porche précédant l'église proprement dite. Bientôt, elles trouvent place dans une crypte, chapelle souterraine voûtée aménagée sous le chœur.

Intérieur de la cathédrale d'Aix-la-Chapelle, (aujourd'hui ville d'Allemagne) VIIIe-IXe siècle. Les galeries s'ouvrent sur de hautes arcades dont les arcs sont en plein cintre (en emi-cercle).

Églises et monastères romans

Au XIe siècle, le développement des pèlerinages et le rayonnement des monastères favorisent l'épanouissement d'un nouveau style de construction : l'art roman. Malgré son nom, celui-ci s'éloigne du modèle romain et profite d'influences orientales transmises notamment par les Arabes.

Les monastères

Les moines sont des religieux qui ont choisi de vivre en communauté, à l'écart du monde. Le monastère est souvent construit en un site isolé. Son architecture répond aux exigences de la règle à laquelle les moines ont fait vœu d'obéir.

Les diverses parties du bâtiment entourent les galeries disposées en carré du cloître, lieu consacré à la lecture, à la promenade et à la méditation. Le cloître, mais aussi le dortoir, communiquent avec l'église : les moines assistent à de nombreux offices de nuit comme de jour. Ils se réunissent dans la salle capitulaire pour écouter la lecture d'un chapitre de la règle commenté par le père abbé. Chauffoir, cuisine, réfectoire et cellier complètent l'ensemble.

Une partie des bâtiments est réservée aux convers, « frères lais » (laïcs) formant un groupe à part dans la communauté.

Vue aérienne de l'abbaye du Thoronet. Photo prise de l'est. Au nord de l'église, le cloître entouré de trois corps de bâtiment.

Plan-type d'un monastère

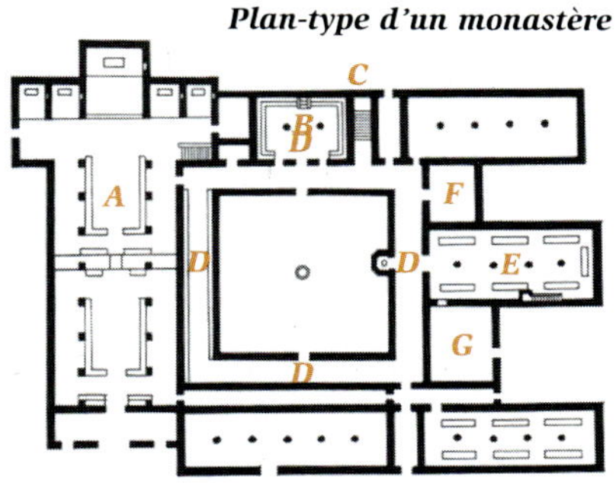

A : Église
B : Salle capitulaire
C : Escalier du dortoir
D : Cloître
E : Réfectoire des moines
F : Chauffoir
G : Cuisine

Des églises en forme de croix

De la basilique romaine, l'église romane garde certaines caractéristiques : une **nef** centrale flanquée de **bas-côtés** conduisant vers le chœur. Mais la dimension chrétienne s'affirme avec netteté : toute grande église est désormais en forme de croix. Entre le chœur et la **nef** qui en constitue le montant, l'architecte roman place, perpendiculaires, les bras du **transept**. À l'aplomb de la croisée de la **nef** et du **transept** s'élève vers le ciel une tour-lanterne, parfois surmontée d'une flèche.

En France, le modèle est donné par les grandes églises de pèlerinage, adaptées à l'accueil de foules nombreuses : trois, voire cinq **nefs,** un déambulatoire permettant aux pèlerins de faire le tour de l'autel. Des chapelles secondaires consacrées au culte de la Vierge ou des saints sont installées dans des absidioles qui rayonnent autour du chœur.

Abbaye du Thoronet : le cloître. La pénombre des galeries contraste avec l'intense lumière qui pénètre dans la cour-jardin.

Un édifice voûté

Dès le XIe siècle, le plafond charpenté du déambulatoire et des **nefs** latérales fait place à la **voûte** de pierre. Celle-ci recouvre bientôt la grand-**nef.** De formidables piliers sont élevés de chaque côté pour supporter cette lourde **voûte** en berceau.

Une nouvelle génération d'églises de pèlerinages sont construites entre 1060 et 1120 : ainsi Sainte-Foy de Conques en France ou Saint-Jacques de Compostelle en Espagne.

Variantes et expériences se développent dans diverses régions d'Europe.

En Normandie, les recherches portent sur l'allégement des parois et des supports (Saint-Étienne de Caen, 1070-1080).

En Rhénanie, l'accent est mis sur l'effet monumental des masses et des formes tandis que la façade est encadrée de deux tours (cathédrale de Spire remaniée à partir de 1085).

L'Italie privilégie l'élégance des formes, la répétition des arcatures, le parement polychrome de la construction (cathédrale de Pise, 1063-1118).

La façade est percée d'un large portail encadré de deux baies aveugles. Au XIIe siècle, le tympan se pare d'un décor sculpté (le *Jugement dernier,* par exemple, à Vézelay, Moissac...). La façade s'élève en un ou plusieurs étages d'arcatures surmontés d'un pignon triangulaire. L'étagement vertical de ces registres peut être souligné et prolongé par des lanternes ou des tours à base carrée ou polygonale placées de part et d'autre.

Nef romane (XIIe siècle) et chœur gothique (XIIIe siècle) de l'église abbatiale de La Madeleine à Vézelay (Yonne). La nef centrale est couverte d'une voûte en berceau semi-circulaire. Les arcs qui la supportent sont mis en évidence par une alternance de pierres foncées et claires.

Cathédrales gothiques

Le style gothique apparaît en Ile-de-France au cours de la seconde moitié du XIIe siècle. Il se caractérise par l'allégement des constructions, rendu possible par l'édification de voûtes sur croisées d'ogives.

Un système de construction totalement nouveau

Pour éviter que la **voûte** centrale de l'église ne soit trop pesante et ne repose que sur les murs, les architectes ont l'idée de lancer entre quatre piliers de solides arcs de soutien (appelés *nervures*) croisés en diagonale, puis de remplir les intervalles d'un matériau plus léger. Pour gagner de la hauteur, ils renoncent à l'arc en demi-cercle. En ajustant deux segments courbes, ils obtiennent un arc brisé (**ogive**) dont la pente est plus raide et qu'ils peuvent faire varier à volonté. La croisée d'**ogives** devient la structure élémentaire de la voûte gothique.

Un autre problème se pose. Les lourdes pierres de la **voûte** ne pèsent pas seulement verticalement, mais aussi latéralement. Les piliers, à eux seuls, ne peuvent résister à cette poussée latérale. De forts soutiens sont indispensables pour maintenir l'édifice. S'agissant des **bas-côtés** voûtés, on élève des contreforts à l'extérieur. Pour la grand-**nef,** il faut la maintenir aussi de l'extérieur, par-dessus le toit des **bas-côtés.**

Nef de la cathédrale d'Amiens (Somme), XIIIe siècle. La haute nef est surmontée d'une voûte sur croisées d'ogives. Au rez-de-chaussée, de hautes arcades s'ouvrent sur les bas-côtés ; au-dessus, de grandes fenêtres laissent entrer abondamment la lumière.

C'est à cette fin que les architectes inventent l'*arc-boutant.* Grâce aux piliers, aux contreforts et arcs-boutants qui constituent l'armature de la **voûte** gothique, plus besoin de murs massifs. On les perce alors d'immenses fenêtres que l'on pare de vitraux multicolores. L'édifice s'élance, toujours plus vaste, toujours plus haut (32 m de haut à Notre-Dame de Paris, 37 m à Bourges, 48 m à Beauvais).

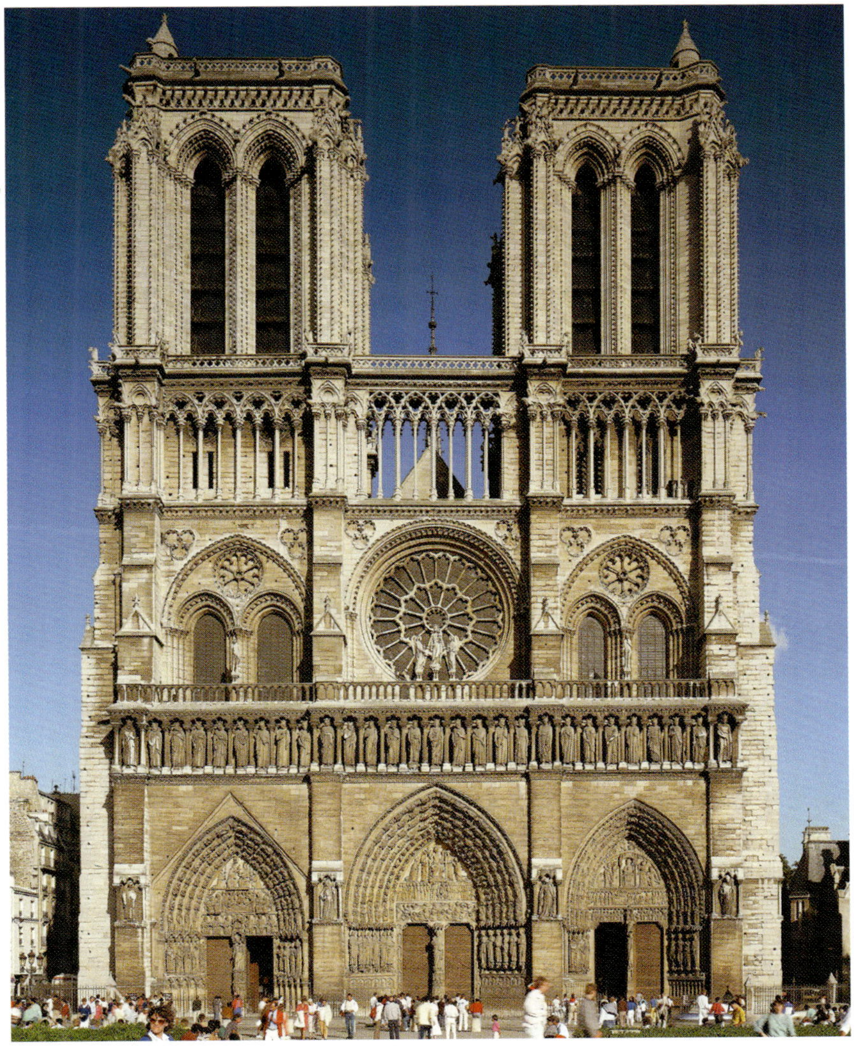

Façade de la cathédrale gothique Notre-Dame, Paris (1163-1250). Trois grands portails permettent de pénétrer dans l'église. Au-dessus du portail central, la rosace dont les nervures de pierre portent des vitraux.

Variantes et évolution

Chaque pays marque l'art gothique de son sceau original. En France, c'est la façade occidentale avec ses deux tours, sa rosace et ses sculptures exubérantes. L'Allemagne affectionne la tour unique et pointue (Ulm). En Angleterre, ce sont des plans à chevet (mur du chœur) plat et à double **transept,** avec une tour-lanterne au-dessus de la croisée (Salisbury).

Aux XIVe et XVe siècles, le style gothique a plus de goût pour le raffinement que pour la grandeur. Les constructeurs aiment à manifester leur maîtrise dans une décoration foisonnante.

Les conséquences sociales et urbaines

La cathédrale gothique fait l'orgueil des villes en plein essor. Elle exige des compétences nouvelles. Le maître d'œuvre intervient aussi bien aux côtés des carriers et tailleurs de pierre que des sculpteurs. Certains acquièrent une renommée internationale : Guillaume de Sens dirige le chantier du chœur de Canterbury, Eudes de Montreuil est appelé à Nicosie (Chypre).

C'est le chapitre de la cathédrale qui gère et finance la construction. Ses ressources étant plus faibles que celles d'un monastère, les chantiers sont souvent interrompus ou inachevés.

Un réalisme très neuf s'impose dans les motifs végétaux qui ornent les colonnes ou dans les images de la vie quotidienne illustrant les verrières. De ce point de vue, la cathédrale et son décor participent d'une nouvelle culture, humaniste et urbaine.

Coupe schématique d'une cathédrale gothique.

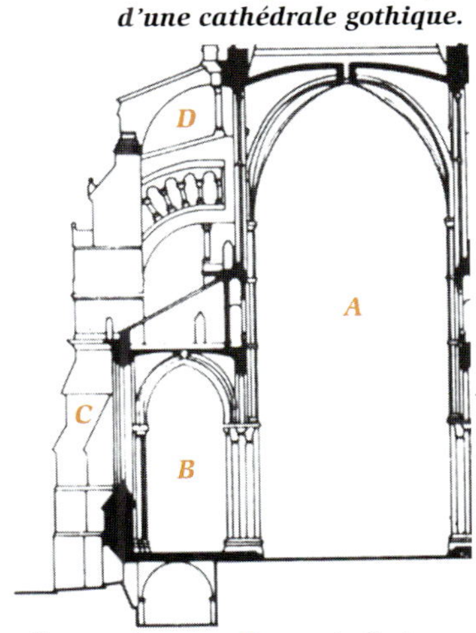

A : nef centrale
B : bas-côté
C : contrefort
D : arcs-boutants

Édifices militaires et civils médiévaux

Le château fort est la construction symbolique du « temps des seigneurs ». Mais, à partir du XIVe siècle, il faut aux villes grandissantes et prospères des édifices civils : hôtels de ville, maisons des corporations, palais princiers, portes et ponts.

Le château fort

Le château est édifié, le plus souvent sur une hauteur, à des fins de surveillance et de défense. C'est à l'origine une enceinte fortifiée en terre, pierre et bois, munie de portes, autour d'un espace vide de campement et d'un donjon. En France et en Allemagne, empruntant aux constructions militaires de Syrie à la suite des croisades, le château devient une réalisation de grande ampleur. Au XIIIe siècle, il acquiert sa forme type en trois parties : le mur d'enceinte simple, double ou triple, muni de tours et de ponts-levis, entouré d'un fossé et protégé par des barbacanes (ouvrage avancé percé de meurtrières). Le donjon renferme le trésor, l'armurerie et la chapelle. Le palais, avec ses jardins, est relié au donjon par des couloirs et des ponts.

Peu à peu le donjon disparaît. Le palais fortifié de style gothique, à son apogée au XIVe siècle (palais des Papes d'Avignon), débouche sur la résidence luxueuse des rois et des princes. Dès 1240, Frédéric II fait bâtir l'exceptionnel Castel del Monte, en Sicile, qui est la synthèse de l'architecture militaire française et des raffinements du palais oriental.

Le château fort de Rauzan, en Gironde. Construit au sommet d'une colline, le château est entièrement entouré de murailles renforcées par des tours.

Demeures et édifices publics

En Europe centrale et du Nord, les maisons sont à colombage. Dans ce mode de construction, l'ossature des murs est formée de poteaux et de pièces de bois horizontales. Les vides entre ces poutres sont remplis de torchis et de briques. En France, en Angleterre et en Allemagne, on trouve des rangées entières de maisons à colombage, avec des **encorbellements** (construction en saillie sur la façade), des **pignons** et **consoles** (saillies sur un mur servant de support) richement peintes et sculptées.

La ville médiévale est entourée d'une enceinte fortifiée dont les formes les plus abouties sont celles de la période gothique (Carcassonne, Aigues-Mortes). La nouveauté principale est l'édification

Vue générale des remparts sud d'Aigues-Mortes (Gard), ville créée par Saint Louis. XIIIe siècle.
A l'origine, la mer était toute proche.
Chaque porte est dominée par des tours, simples ou jumelles.

d'édifices civils, hôtels de ville et maisons des corporations notamment.

Dans les Flandres, les dimensions des hôtels de ville et des maisons des guildes sont imposantes avec leurs salles immenses et leurs tours gigantesques permettant le guet, les beffrois. Ils sont pourvus de presque tous les ornements que l'on peut admirer dans les grandes cathédrales. En comparaison, les maisons des corporations allemandes paraissent souvent modestes, même si leurs façades sont richement ornées de broderies de pierre, de clochetons et sculptures.

Une architecture de lumière

Venise, cité lagunaire, est une ville à part. Ses bâtiments semblent reposer sur l'eau, impression donnée par la légèreté de leur architecture. Les valeurs qui priment sont celles de la lumière, de la couleur et du rythme.

La façade du palais des Doges, commencée en 1309, est typique de l'architecture vénitienne. À l'étage supérieur, des pierres de teintes diverses dessinent un motif minutieux qui dématérialise la surface en la faisant chatoyer sous nos yeux.

La lumière qui court le long des frises, traverse les baies, fenêtres et balcons préside aux jeux de couleur et d'ombre. Les reflets dans l'eau clapotante de la lagune achèvent de faire de Venise une ville exceptionnelle.

Maison natale de Jacques Cœur à Bourges (Cher), XVe siècle. Les murs sont soutenus par un colombage de bois. Les étages sont en encorbellement par rapport au rez-de-chaussée.

Palais des Doges à Venise (Italie), commencé en 1309.
Tout concourt à la légèreté, le rythme des arcades des deux galeries superposées comme les losanges colorés qui ornent la façade.

Renaissance des formules antiques

Ce sont les Italiens qui, les premiers, souhaitent un retour aux idées et à l'art antiques. Les architectes de la Renaissance ne se contentent pas d'imiter les monuments anciens. Ils essaient d'adapter les formes classiques aux besoins de leur temps.

Intérieur de la chapelle Pazzi à Florence (Italie), vers 1430. La pièce centrale est surmontée d'une coupole reposant sur des trompes formant des triangles curvilignes.

Entre tradition et modernité

Vers 1420, Filippo Brunelleschi est le seul architecte capable de couronner d'une puissante coupole la cathédrale gothique de Florence. Il part à Rome étudier les ruines des temples et des palais. Pour chaque projet, il conçoit une maquette, empruntant aux arts plastiques contemporains les techniques de la perspective et des tracés de proportions.

La chapelle Pazzi à Florence ne ressemble à aucun temple classique existant, ni à aucune construction gothique. L'architecte a combiné colonnes, arcs et **pilastres** à sa manière, en tirant un effet de légèreté et de grâce différent de tout ce qu'on avait fait auparavant.

Leon Battista Alberti veut appliquer ces principes à une habitation bordant une rue. Le palais Rucellai à Florence, qu'il édifie vers 1460, est tout simplement une maison à trois étages.

La façade est couverte non de colonnes,

mais d'un réseau de **pilastres** plats et d'**entablements.** Ils suggèrent ainsi un ordre classique sans modifier la structure de l'édifice. À l'étage inférieur, on trouve une adaptation de l'ordre dorique et l'alternance d'arcades et de **pilastres.**

Un artiste libre

À mesure que les villes se développent, architectes et artisans se regroupent en corporations. Celles-ci défendent leurs droits et leurs privilèges, et contrôlent le marché.

En Italie, l'orgueil des villes qui se disputent les services des plus grands artistes pour embellir leurs édifices stimule les maîtres à se surpasser les uns les autres. De travailleur manuel peu considéré, l'architecte devient un homme exceptionnel et unique. Il quitte sa corporation pour se mettre sous la protection d'un mécène. Il peut désormais dicter ses conditions. Il devient un artiste libre, l'auteur personnel d'un projet de création.

Du classicisme au maniérisme

À Rome, à partir de 1447, les papes attirent les architectes par d'importantes commandes. C'est ainsi qu'en 1506, le pape Jules II confie à l'architecte Donato Bramante la reconstruction de la basilique Saint-Pierre. Bramante conçoit un édifice circulaire, surélevé de quelques marches, couronné d'une coupole et entouré d'une colonnade d'ordre dorique. Tous les éléments de cette rotonde sont régis par une harmonie qu'aucun temple de l'Antiquité n'avait atteinte. Faute de fonds nécessaires, l'édifice sera achevé par Michel-Ange en 1547.

À la fin du XVIe siècle, de jeunes artistes italiens, voulant surpasser les maîtres classiques, choisissent un style plus affecté. On désigne leur art sous le nom de *maniérisme*.

La villa Rotonda (1550) d'Andrea Palladio s'élève sur une colline près de Vicence. Ses quatre façades sont identiques, chacune comportant un **portique** de temple ionique. L'intérieur est essentiellement une salle circulaire qui rappelle le Panthéon de Rome. La conception est belle, mais cela ne ressemble guère à une maison d'habitation.

Le site a dicté la forme de l'édifice, mais le désir d'originalité a détourné l'architecte de la notion d'utilité.

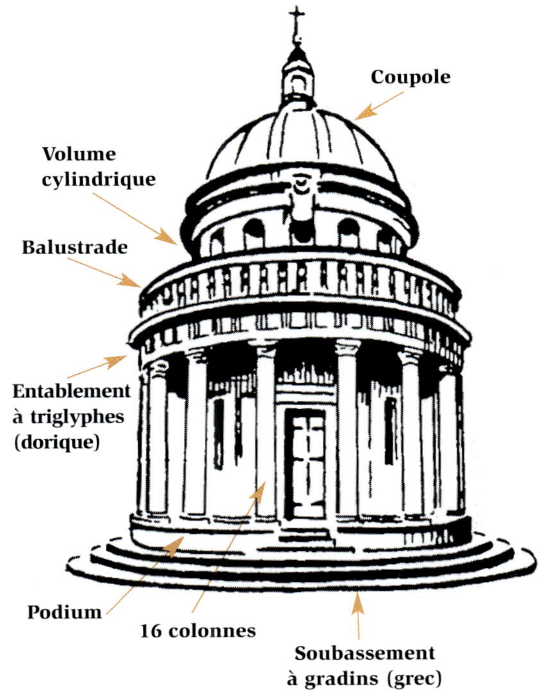

Imitation d'un temple rond antique pour San Pietro in Montorio (Tempietto) à Rome, 1502.

Villa Rotonda, à Vicence (Italie), 1550.
Une des quatre façades identiques : le très large escalier droit permet d'accéder au portique d'ordre ionique, parfaite imitation d'un temple antique.

Du gothique revisité au classicisme

L'Europe du Nord n'adopte le style nouveau qu'au XVIe siècle, souvent de façon superficielle. Les châteaux français sont la synthèse entre les traditions nationales, l'influence italienne et l'inspiration antique.

La tour Pey-Berland, clocher de la cathédrale, à Bordeaux (Gironde). Gothique tardif, XVe siècle. Le clocher a été construit indépendant de la cathédrale pour des raisons de stabilité liées à la nature du terrain.

Le gothique tardif

En France, le style gothique poursuit son évolution tout au long du XVe siècle. Le goût d'une riche ornementation est poussé encore plus loin. Le palais de justice de Rouen (1482) est un exemple caractéristique de cette dernière période du gothique français, dit *flamboyant.* L'édifice est couvert d'un décor infiniment varié qui lui prête un caractère quasi féerique.

En Angleterre, les lignes droites prennent le pas sur les courbes. On parle alors de style *perpendiculaire.* L'exemple le plus fameux est l'admirable chapelle de King's College à Cambridge, commencée en 1446. L'église ne comporte pas de **bas-côtés.** Si la structure générale s'est simplifiée, le décor est composé de lignes verticales qui treillissent les hautes fenêtres et la **voûte** en éventail.

Le gothique transformé

En Allemagne et dans les Flandres, les architectes emploient une colonne par-ci, une frise par-là, en un mot, ajoutent quelques-uns des éléments nouveaux à leur propre répertoire décoratif.

Des églises ont leurs piliers supportant la **voûte** déguisés en colonnes par l'adjonction d'un **chapiteau** classique ; leurs fenêtres présentent un ornement gothique, alors que l'**ogive** (arc brisé) est remplacée par l'arc en plein cintre (en demi-cercle).

Le classicisme français

À la faveur des guerres d'Italie, les aristocrates français rapportent quantité d'œuvres d'art et invitent de nombreux artistes italiens à séjourner en France. En quelques décennies naissent des résidences royales ou princières prestigieuses : Fontainebleau, Chantilly, Blois, Chambord, Chenonceaux, Azay-le-Rideau... Leur nouveauté réside dans l'adaptation du modèle antique au paysage et aux besoins des rois et des nobles qui les occupent.

Jusqu'à 1520, l'italianisme se limite à des ornements. Le château d'Amboise, par exemple, est une construction gothique recouverte d'un décor emprunté à l'Antiquité : **pilastres,** frises, caissons et arabesques. Le plan du château de Chambord est encore médiéval. Il comporte un donjon flanqué de tours et une enceinte. L'escalier à double vis qui monte jusqu'au sommet est une œuvre attribuée à Léonard de Vinci.

Le foisonnement de clochetons, de **pignons,** de dômes et de cheminées est une adaptation du décor d'influence italienne sur un toit à la française.

À partir de 1540, un véritable style classique français se définit. Il est illustré par quelques noms célèbres : Philibert Delorme à Anet, Jean Bullant à Écouen. Pierre Lescot et Jean Goujon réalisent la splendide façade du Louvre à partir de 1546. On y retrouve la symétrie, l'étagement harmonieux des lignes horizontales, la décoration à l'antique. Sont conservés les toits à la française, les lucarnes et les cheminées qui deviennent des éléments décoratifs.

L'architecture des maisons bourgeoises s'inspire des modèles flamands, avec une maçonnerie mixte de brique et de pierre. De 1550 à 1580, les encadrements des portes et des fenêtres à l'italienne, les **frontons,** les colonnades ornent les maisons neuves.

Château de Chambord (Loir-et-Cher), à partir de 1519. On retrouve à Chambord le plan traditionnel d'un château fort médiéval. Mais ce choix ne gêne en rien l'intégration « à la française » d'éléments empruntés à la Renaissance italienne, notamment les hautes cheminées.

Escalier à double vis attribué à Léonard de Vinci. Château de Chambord.

Palais du Louvre à Paris : une partie de la façade édifiée par Pierre Lescot. À partir de 1546. Cette image, bien que très partielle, permet de constater la très rigoureuse symétrie. La décoration est due à Jean Goujon.

Le décor baroque

L'architecture baroque se développe du XVIe au XVIIIe siècle, d'abord en Italie, puis dans les pays catholiques d'Europe. Il se caractérise par la liberté des formes et la profusion des ornements. L'Église et la cour adoptent ce style d'apparat.

Une architecture de propagande

En 1568, les Jésuites, ordre récemment fondé, confie à Vignole la construction de l'église du Gesù à Rome. En forme de croix, elle est surmontée d'une imposante coupole. La **nef** centrale est vaste, les **bas-côtés** et le **transept** sont remplacés par des chapelles-niches. Ce plan simple répond mieux aux besoins du culte.

La façade, due à Giacomo della Porta (1575), est faite d'éléments d'architecture antique : colonnes et **pilastres** portent une **architrave** surmontée d'un attique (étage supérieur) couronné d'un **fronton.** Le trait le plus frappant de cette façade est l'emploi jumelé des **pilastres.** Le bâtiment est en outre décoré, de chaque côté de l'attique, d'une sorte de volute qui contribue à l'unité d'ensemble.

Francesco Borromini, dans la façade de l'église romaine de Sainte-Agnès (1653), combine toutes sortes d'éléments divers : vaste coupole, façade incurvée, tours latérales à plan carré puis circulaire. Les courbes et les volutes commandent à la fois le plan d'ensemble et la décoration.

L'intérieur de Sainte-Agnès est recouvert de marbres précieux, d'or et de stuc. Le but de l'Église catholique est de proposer une vision de gloire céleste capable de subjuguer le fidèle.

Intérieur de l'église Sainte-Agnès à Rome, 1653. Cet édifice renoue avec la tradition de la basilique antique. La décoration somptueuse est d'un luxe rarement égalé.

Versailles

Désireux d'affirmer sa puissance, Louis XIV fait construire, entre 1660 et 1680, le grandiose château de Versailles. Il se présente comme un vaste bloc central bordé de deux ailes délimitant une imposante cour d'honneur. Par la suite ont été ajoutées deux autres ailes dans le prolongement de la façade.

Versailles se rattache à l'art baroque, plutôt par ses proportions gigantesques que par son style. Les architectes Mansart et Le Vau sont restés fidèles à une géométrie classique où les lignes verticales et horizontales l'emportent sur les obliques.

Le Nôtre est le créateur des jardins « à la française » dont l'agencement est indissociable de l'architecture du château. Il conçoit un plan général géométrique orienté vers le château. Les différences de niveau, la répartition des masses de verdure, la disposition des jets d'eau et des bassins répondent à un souci d'ordre et d'harmonie.

Château de Versailles : façade du château sur le parterre d'eau. Entre 1660 et 1680. La conception des pièces d'eau et des jardins est indissociable de l'architecture des bâtiments.

La ville baroque

Le XVIIe siècle est une période de transformation des villes. À Rome, l'architecte le Bernin anime les places d'une façon théâtrale et pittoresque en concevant des fontaines sculptées. La colonnade de la place Saint-Pierre (1657-1666), aux ailes légèrement convergentes, donne un effet dynamique et s'inscrit parfaitement dans le paysage urbain.

Dès 1594, Henri IV dote Paris de places et de promenades dignes d'une capitale.

La place Royale (aujourd'hui place des Vosges) est un vaste carré entouré de belles demeures à caractère résidentiel.

La place Dauphine, aménagée entre le Pont-Neuf et le cœur de l'île de la Cité, a une forme triangulaire adaptée au site.

Sous Louis XIV, est aménagée la place Vendôme dont l'espace rectangulaire est entouré de façades uniformes.

À Londres, le *square* du XVIIe siècle, place à tracé rectangulaire, est bordé de hauts bâtiments aux façades sobres dont l'unité est assurée par la répétition des arcades de leurs rez-de-chaussée.

Place des Vosges à Paris, 1594. Autrefois place Royale commandée par Henri IV. Désormais, chaque souverain voudra laisser sa marque dans la capitale.

Le classicisme du Siècle des lumières

Au XVIIIe siècle, la tradition classique reste vivace. L'architecture fait écho aux idées des philosophes des Lumières qui prônent la Raison et la clarté.

Le bon goût anglais

Les architectes anglais veulent s'en tenir aux règles de l'architecture antique, à ce qu'ils considèrent comme le « bon goût ». Le traité d'architecture d'Andrea Palladio (voir p. 19) fait autorité. Construire sa villa dans le style palladien est du dernier chic. Chiswick House à Londres, réalisée par lord Burlington vers 1725, est une véritable imitation de la villa Rotonda.

Pour les Anglais, un parc, un jardin doit simplement refléter les beautés de la nature. William Kent conçoit un jardin naturaliste (Stourhead dans le Wiltshire, dessiné en 1741) embelli par des monuments classiques implantés à la manière des peintres. La formule du parc à l'anglaise est adoptée partout en Europe.

À la veille de la Révolution française, on s'interroge sur le style et le bon goût. Certains connaisseurs cherchent à se distinguer. C'est le cas de l'écrivain anglais Horace Walpole. Ce romantique décide de faire bâtir sa demeure, Strawberry Hill (1770), dans le style gothique, comme un château d'un passé légendaire.

D'autres partent réétudier les vestiges gréco-romains. Telle maison anglaise est conçue comme un temple grec de pur style ionique, telle autre fait revivre le style dorique original.

Thomas Jefferson, l'un des fondateurs des États-Unis, a conçu sa résidence de Monticello, en Virginie (1771), dans un sobre style néo-grec. C'est dans le même esprit qu'ont été bâtis les édifices publics de Washington.

Institutions et style français

À côté des architectes, on trouve maintenant en France les ingénieurs des Ponts et Chaussées à qui l'on confie une part croissante de l'architecture publique. L'enseignement de l'architecture est assuré par la collaboration entre l'École des Arts (1740) et celle des Ponts et Chaussées (1747).

Maison néo-gothique dans le parc paysager de Wörlitz (Allemagne), 1772-1784, 1786. Vue extérieure du côté nord. Architecte : Christophe Georg.

Avec le Petit Trianon, à Versailles (1762-1764), l'architecte Gabriel reste fidèle au grand style du règne de Louis XIV. Pour l'école de chirurgie (1769-1786), Gondoin respecte strictement les règles classiques. Germain Soufflot construit, à partir de 1755, l'église Sainte-Geneviève à Paris (aujourd'hui, le Panthéon). Il fait dans cet édifice la synthèse de la structure gothique et de l'ordonnance grecque.

Le Panthéon (église Sainte-Geneviève) à Paris, commencé en 1755. Le fronton triangulaire du portique est supporté par des colonnes d'ordre corinthien. La haute coupole surmonte une galerie circulaire qui contribue à son élévation.

L'âge d'or de Bordeaux

Quelques villes françaises se sont spectaculairement transformées au cours du XVIIIe siècle. Grâce à son commerce maritime, Bordeaux connaît un véritable âge d'or. La ville s'ouvre sur le port par une magnifique façade architecturale. De part et d'autre de la place Royale (aujourd'hui, place de la Bourse due à Gabriel, 1735-1738), des bâtiments en calcaire blond girondin sont régulièrement ordonnés et décorés de sculptures et de balustrades en fer forgé. De coquets hôtels particuliers et de somptueux monuments sont érigés au cœur de la ville : le Grand Théâtre, œuvre de Victor Louis (1773-1780), est un édifice remarquable, notamment par l'importance du vestibule et de l'escalier du corps central. L'**entablement** du **péristyle** est supporté par douze colonnes corinthiennes ; il est maintenu par un tirant métallique placé à l'intérieur, devenu célèbre sous le nom de « clou de M. Louis ». La salle à l'italienne, en demi-cercle, est surmontée d'une voûte surbaissée décorée d'un plafond peint.

Le Grand Théâtre à Bordeaux, 1773-1780. La colonnade du péristyle. L'entablement porte des statues dont celles des neuf Muses.

Monuments de fer de l'ère industrielle

Le XIXe siècle est celui de la révolution industrielle. L'industrie met à la disposition des ingénieurs et architectes des matériaux divers : fer, fonte, verre et, à partir de 1880, ciment et béton armé. La ville doit s'adapter aux besoins nouveaux, nés des échanges et de l'urbanisation.

Gares, ponts, halls...

Avec l'arrivée du chemin de fer, les gares constituent les nouvelles « portes de la ville ». Les vastes cages en fer et verre qui couvrent leurs quais sont flanquées de bâtiments massifs abritant galeries, salles et halls, dont les façades en pierre de taille deviennent des enseignes prestigieuses (gare de l'Est de Duquesney et gare du Nord de Hittorf à Paris).

Pour la construction des ponts, les ingénieurs apportent la solution des poutres en treillis de fer rivetées. Le rivet est un clou qui permet d'assembler, de manière fixe et indémontable, deux ou plusieurs pièces métalliques. Gustave Eiffel, après plusieurs grands ponts ferroviaires portés par des arcs (Garabit 1884), construit la Tour qui porte son nom. Située sur le Champ-de-Mars, elle domine Paris de ses 320 mètres. Elle se présente comme une pyramide quadrangulaire, dont les quatre pieds métalliques sont reliés par d'immenses arceaux. La tour Eiffel est considérée par le monde entier comme l'emblème de Paris.

Le fameux Palais de Cristal, œuvre de Joseph Paxton, est construit pour la première Exposition universelle, qui a lieu à Londres en 1851. L'agencement d'éléments préfabriqués en verre montés sur des châssis métalliques légers en fait un dérivé de la construction des grandes serres. Il inspire à Paris les halles de Baltard (1855-1866), « parapluies de métal et de verre », suite de pavillons bien éclairés et ventilés, reliés par des rues couvertes.

Dans les grands magasins, qui naissent autour de 1860-1870 à New York et en France, un vaste hall central entouré de galeries superposées est éclairé par une **voûte** ou de hautes baies vitrées soutenues par d'élégantes colonnes de fonte.

Vue intérieure de la gare Saint-Lazare : la ligne d'Auteuil.
Peinture de Claude Monet (1877). Huile sur toile.

Toits de l'Opéra de Paris : Charles Garnier, 1862-1875.
Décoration surchargée et fastueuse s'inspirant du baroque, qui masque la structure interne de l'édifice.

Le Paris d'Haussmann

Napoléon Ier, ambitionnant de faire de Paris la capitale de l'Europe, fait effectuer de grands travaux : sont mis en chantier la rue de Rivoli, la cour carrée du Louvre, la Madeleine, l'Étoile, le Carrousel. C'est le Second Empire, cependant, qui donne à Paris son nouveau visage. Haussmann, préfet de la Seine de 1853 à 1869, fait éventrer le centre de grands boulevards (Sébastopol, Magenta, Malesherbes...) bordés d'immeubles luxueux. Des parcs sont créés, des ponts enjambent la Seine. On construit de nouvelles églises ; gares et grands magasins sont de véritables monuments. L'édifice le plus grandiose est sans nul doute le nouvel Opéra construit par Charles Garnier. Il surprend par sa décoration de style baroque qui masque la structure métallique.

À l'instar d'Haussmann, les grandes villes de France rénovent leur centre, avec de belles maisons en pierre de taille, des gares monumentales, de splendides magasins. À Milan, on édifie une grande galerie couverte reliant la cathédrale et le théâtre de la Scala. À Barcelone, on crée de toutes pièces un damier de rues coupées en diagonale par une large avenue.

Vers 1880 à Chicago, pour rentabiliser au maximum la surface au sol, Louis Henry Sullivan ose assembler des structures métalliques portantes jusqu'à des hauteurs encore jamais envisagées : le gratte-ciel est né. Il deviendra le symbole de la ville moderne, « à l'américaine ».

Viaduc du Viaur (Tarn).
Construit par Bodin de 1895 à 1902.
L'image donne une idée de la complexité des structures métalliques.

Art Nouveau, architecture nouvelle

La fin du XIXe siècle est marquée en architecture par l'Art Nouveau. Ce style ornemental est très vite contesté.
Le XXe siècle se caractérise par une architecture dépouillée et surtout fonctionnelle.

L'Art Nouveau

La fin du XIXᵉ siècle est marquée par l'éclectisme des styles. Les façades des gares, aux lourds habillages de pierre, sont de style roman, gothique ou Renaissance ; les usines et bâtiments publics sont construits dans des styles disparates sans rapport avec la destination de chaque édifice.

Au même moment, des architectes recherchent un art neuf fondé sur le choix de motifs décoratifs originaux et l'usage de nouvelles matières comme l'acier. L'architecte belge Victor Horta crée une architecture fluide qui se traduit par sa ligne « en coup de fouet ».

À Paris en 1900, Hector Guimard réalise, dans le plus pur style Art Nouveau, des entrées pour le tout nouveau métro. Il utilise la fonte et le bronze moulés. Est-ce parce qu'une bouche de métro ouvre sur le monde souterrain que Guimard opte pour un décor étrange ?

Marquise vitrée de l'entrée de la station de métro porte Dauphine à Paris (1900). Architecte : Hector Guimard. Cette architecture insolite très lumineuse contraste avec l'univers souterrain auquel elle donne accès.

Une architecture sans ornement

Charles Rennie Mackintosh à Glasgow, Otto Wagner et Joseph Hoffmann à Vienne préfèrent une architecture dépouillée. Leurs bâtiments publics, leurs riches villas présentent de grandes surfaces planes sans ornement.

Pour l'Américain Frank Lloyd Wright, ce qui compte dans une maison ce sont les pièces. Si l'intérieur est conçu de façon harmonieuse et pratique, un extérieur satisfaisant doit s'ensuivre.

C'est là toute une révolution qui conduit Wright à renoncer à la sacro-sainte symétrie. Ses « maisons de la prairie » sont basses et fluides. Il supprime le décor en général et son édifice est entièrement commandé par le plan intérieur. Le Bauhaus à Dessau, construit en 1926, est une école d'architecture fondée par l'Allemand Walter Gropius. On encourage les élèves de l'école à expérimenter hardiment, sans toutefois perdre de vue l'usage qui doit être fait de leur ouvrage. Les théories prônées par le Bauhaus sont parfois désignées sous le nom de « fonctionnalisme ».

Le Bauhaus à Dessau (Allemagne), 1926.
École d'architecture fondée par Walter Gropius.
Le fonctionnalisme donne naissance à des formes simples fondées uniquement sur l'horizontale – qui domine ici – et la verticale.

Béton armé et habitat

Le béton armé est un mélange de ciment et de pierres concassées coulés autour d'une armature métallique. Il fait son apparition vers 1850, mais ce n'est qu'à la fin du XIXe siècle qu'il commence à être utilisé au niveau de la structure même du bâtiment. Dès 1898, l'ingénieur Hennebique construit le premier immeuble en béton à Paris. Puis on l'utilise pour les chantiers publics comme les théâtres (théâtre des Champs-Élysées, A. Perret, 1912).

Le Corbusier est un architecte français inspiré par le mouvement artistique du cubisme. De 1918 à 1930, il tente d'adapter son architecture aux exigences de la production industrialisée du bâtiment. Il définit en particulier des « machines à habiter » et s'intéresse à l'urbanisme – c'est-à-dire à la conception des villes – sur lequel il travaille beaucoup jusqu'en 1945.

Toutefois, les principes de Le Corbusier et d'autres architectes n'ont pas de répercussion immédiate sur l'habitat de l'entre-deux-guerres.

Dans les villes industrielles françaises, beaucoup d'ouvriers logent dans des cités ouvrières construites à la périphérie par les patrons.

Entre 1918 et 1940, l'État commence à se préoccuper du logement social avec la création d'HBM (habitations à bon marché). Il s'agit d'immeubles collectifs et de maisons individuelles peu onéreux, entourés de jardins. Des équipements tels qu'écoles, magasins, services sociaux y sont intégrés.

« **La maison du fada** » ***dans la Cité radieuse à Marseille (1945-1952).***
Architecte : Le Corbusier.
Cet immeuble peut accueillir de1 500 à 1 700 habitants.
Les immeubles barres vont désormais se multiplier dans la périphérie de toutes les villes.

L'architecture dans la ville moderne

Après la Seconde Guerre mondiale, une reconstruction rapide s'impose. Dès lors, l'urbanisme devient le territoire par excellence de l'architecture.

Les grands ensembles

En France, après 1945, des villes comme Royan, Amiens sont reconstruites selon les principes édictés par les Congrès internationaux d'architecture moderne de l'entre-deux-guerres.

Auguste Perret au Havre, Le Corbusier à Marseille définissent « le logement du grand nombre ». Longue de 165 m et haute de 150 m, « la maison du fada » de Le Corbusier est construite à partir de 1945, dans la « Cité radieuse » de Marseille. Elle abrite quelque 337 logements. Les cellules d'habitation sont glissées dans l'ossature comme des boîtes individuelles.

Partout s'élèvent des cités uniformes et gigantesques. L'industrialisation du bâtiment, avec des éléments préfabriqués en usine, favorise les formes simples, des façades plates et monotones, de hautes tours et des « immeubles barres ». Mais ces grands ensembles génèrent rapidement promiscuité et malaise social.

Mégalopoles et mégastructures

Dans les années 1930, s'impose le style international. L'Amérique reprend les formes des maîtres européens où prédomine le rationalisme. L'Allemand Ludwig Mies Van der Rohe réalise les gratte-ciel de *Lake Shore Drive* à Chicago (1951) ainsi que le *Seagram building* à New York (1958). S'imposant comme le maître de l'architecture en fer et verre, il manifeste le goût des formes simples et rigoureuses. Ses nombreux imitateurs lui ont emprunté un type de façade transparente où dominent des effets de lignes verticales.

La fin des années 1950 propose, à l'image des États-Unis, de gigantesques mégalopoles où les architectes-urbanistes donnent leur pleine mesure : Le Corbusier à Chandigarh (Inde), L. Costa et O. Niemeyer à Brasilia (Brésil). L'architecture envisage alors ses réalisations en termes de *mégastructures*, avec des axes routiers traversant la ville de part en part, des ponts suspendus permettant différents niveaux de circulation, de grands blocs de résidences et de bureaux, en tours ou en barres...

Vue, du pont de Brooklyn, de l'île de Manhattan, quartier des affaires de New York (États-Unis). À droite les tours jumelles du World Trade Center détruites lors de l'attentat du 11 septembre 2001.

Parodies et high-tech

Dans les années 1970, parodies et pastiches ornent édifices ou *piazzas* dans un style éclectique, tandis que le *high-tech* développe à l'extrême une sophistication technologique.

De sa propre maison à Orinda (Californie, 1962), conçue comme une suite d'édicules (petits temples) en forme de baldaquins de bois, à la *piazza* d'Italia (La Nouvelle-Orléans, 1975-1980) construite dans l'esprit des coulisses d'un théâtre antique, Charles Moore élabore un langage plastique souvent parodique.

En 1971, l'Italien Renzo Piano et l'Anglais Richard Rogers sont choisis pour édifier le Centre Pompidou à Paris. Cette « architecture pop » est l'emblème du *high-tech* et l'image de la machine comme symbole dérivé du fonctionnalisme.

En France, la commande de l'architecture actuelle s'est tournée vers les musées (Pyramide et agrandissement du Louvre, 1983-1993 ; Studio national des Arts contemporains à Tourcoing, B. Tschumi, 1998), hauts lieux de l'art et de la culture.

Aujourd'hui comme hier, une construction est architecture lorsqu'elle nous émeut par sa beauté, qu'elle nous touche de la même manière que n'importe quelle autre œuvre d'art. Matériaux et procédés modernes de construction autorisent toutes les audaces. Plus que jamais, l'architecture est l'art plastique par excellence, le triomphe sur l'espace, la matière, le poids, le déséquilibre.

Centre national d'art et de culture Georges-Pompidou, quartier Beaubourg, Paris. Architectes : Renzo Piano et Richard Rogers. Inauguré en 1977. Tous les éléments techniques, y compris les escalators, ont été rejetés à l'extérieur.

Paris, la Défense : voile du CNIT, Centre de congrès et d'expositions de Paris et immeuble Bull. La courbe de la voûte en matériau composite qui recouvre les salles d'expositions contraste avec la verticalité de la tour, toute de métal et de verre.

Lexique

Abside : partie d'une église située derrière le chœur, arrondie en demi-cercle. Lorsqu'une abside est de petites dimensions, on parle d'absidiole.

Architrave : partie inférieure de l'entablement (*voir ce mot*) qui repose sur le chapiteau (*voir ce mot*) d'une colonne.

Bas-côté : nef secondaire qui flanque la grande nef d'une église. Le plus souvent, il y a deux bas-côtés, de part et d'autre de la grande nef.

Chapiteau : partie évasée qui surmonte le fût d'une colonne. Le chapiteau supporte l'entablement par l'intermédiaire de l'architrave (*voir ces mots*).

Console : pièce qui soutient une corniche ou un balcon. Lorsqu'elle est faite d'une seule pierre ou d'une poutre, on parle de *corbeau*.

Encorbellement : construction qui avance par rapport à celle qui est au-dessous. Elle est soutenue par des consoles (*voir ce mot*).

Entablement : partie d'un édifice qui surmonte une colonnade et qui supporte la charpente de la toiture.

Fronton : ornement monumental, le plus souvent triangulaire, qui couronne un édifice. Un fronton est parfois limité par une corniche courbe.

Fût : tige d'une colonne comprise entre la base et le chapiteau, ainsi nommée à cause de sa ressemblance avec le tronc droit de certains arbres comme le sapin.

Narthex : vestibule ou porche couvert et entièrement fermé qui précède la nef de la basilique romane. C'est dans le narthex qu'étaient accueillis ceux qui se préparaient à recevoir le baptême.

Nef : partie centrale de l'église qui va du portail (ou du narthex s'il en existe un) jusqu'au chœur. C'est le lieu où se réunissent les fidèles qui viennent participer à l'office religieux.

Obélisque : monument à base carrée, en forme de pyramide très allongée, érigée par les anciens Égyptiens. L'obélisque était le plus souvent constitué d'une seule pierre.

Ogive : nervure renforçant un arc brisé, c'est-à-dire formé de deux arcs de cercle. La combinaison de deux ogives formant un angle a permis de concevoir la croisée d'ogives caractéristique de l'art gothique.

Péristyle : galerie formée par un ensemble de colonnes indépendantes les unes des autres faisant le tour d'un bâtiment ou entourant une cour intérieure.

Pignon : partie supérieure d'un mur qui se termine en pointe.

Pilastre : pilier à base triangulaire ou carrée, le plus souvent engagé dans un mur.

Portique : galerie ouverte sur l'extérieur soutenue par deux rangées de colonnes ou par un mur et une rangée de colonnes.

Transept : dans une église gothique, nef transversale coupant à angle droit la nef principale. La nef centrale et les deux bras du transept forment une croix. Leur intersection constitue la croisée du transept.

Voûte : ouvrage de maçonnerie de forme courbe qui couvre l'intérieur d'un édifice. Les pierres qui constituent la voûte sont disposées de manière à se soutenir les unes les autres. Une voûte peut être renforcée par des arcs.

Index

Photographies :
AKG Paris : p. 5 (à droite) ; /Erich LESSING : p. 2, 15 (en haut) ; /Henning Bock : p. 3 (en bas) ; / Jean-Paul Dumontier : p. 13 (en bas) ; /Schuetze/Rodemann : p. 24 ; /Hilbich p. 29 (en haut) – ARTEPHOT /R. Percheron : p. 3 (en haut, à droite), 23 (en haut) ; /Bapier : p. 9 (en bas) ; /Schneiders : p. 11 (en bas) ; /M. Babey : p. 13 (en haut) ; /A. Brumaire : p. 21 (en haut et en bas à gauche) ; / K. Takase : p. 25 (en haut) – EXPLORER/Y. Lanceau : p. 4 ; /A. Wolf : p. 9 (en haut), p. 28 ; /Carbonare : p. 11 (en haut) ; /J. Moatti p. 27 (en haut) – Georges DELOBBE : p. 6, 16, 17 (en haut et en bas à gauche), 23 (en bas), 25 (en bas), 27 (en bas), 31 (en bas) – DAGLI ORTI : p. 7 (en haut, à gauche) – CNRS/A. Chéné - Reveillac : p. 7 (en bas) – SCALA : p. 8, 10 (en haut), 17 (en bas à droite), 18, 19 (en bas), 22 – PHOTOTHÈQUE FRANCAISE /Lapie : p. 12 (en haut) – C.N.M.H.S. /Lonchampt : p. 14 – GIRAUDON : p. 21 (en bas à droite) – RMN/Jean : p. 26 – François GOALEC : p. 30 – HÉMISPHÈRES /Bertrand Rieger p. 31 (en haut) – DR : p. 3 (à gauche), 5 (à gauche), 7 (en haut, à droite), 10 (en bas), 12 (en bas), 15 (en bas), 19 (en haut), 20.

Recherche iconographique : Christiane FRANCHETTI.

Correctrice : Sophie GERBAUDO.

Conception graphique : Les Filles communication.

Maquette et photogravure : Danièle LONG - ***Maquette de la couverture :*** Danièle LONG.